$5.95 US
ISBN 13: 978-1-9891-2232-7
50595
9 781989 122327

eacher Lesson Plans and Resources

Medicine Wheel Education
Approved by Kung Jaadee

Bienvenue :

Bienvenue à la planification de leçons pour Le Festin du Corbeau. Nous avons réuni une série d'exercices à utiliser avec vos élèves. Dans ce carnet, vous découvrirez des activités, des leçons et des pages à colorier à utiliser en classe. N'hésitez pas à adapter ce cahier en tout ou en partie, aux groupes d'âges de vos élèves.

Toutes les leçons sont approuvées par Kung Jaadee, membre du conseil des aînés, enseignante et auteure.

Si vous désirez en apprendre davantage sur ce livre et la façon de l'intégrer parfaitement à votre enseignement, veuillez visiter **www.medicinewheel.education/curriculum**. Où que vous enseigniez au Canada, vous trouverez votre plan de cours sur ce site.

Table des matières :

Leçon 1

1) Lire le livre

2) Encourager la discussion:

- **Penser, jumeler, partager :** Que pensez-vous des corbeaux ? Avez-vous déjà vu un corbeau ?
- **Penser, jumeler, partager :** Que savez-vous du corbeau dans le récit ?
- **Remue-méninges en classe :** Pourquoi le corbeau a-t-il eu envie de préparer un festin ?
- **Activité en groupe :** En petits groupes, parlez d'événements où vous avez participé à un festin (un événement ou un gros repas où un grand nombre de gens se réunissent). Qu'est-ce qui vous a marqué d'un tel événement ? Qu'avez-vous aimé de l'expérience ?
- **Remue-méninges en classe :** De quoi le corbeau a-t-il eu besoin pour préparer son festin ?

3) Dans le cadre de la page suivante, dessine le festin de Yaahl en incluant tous éléments suivants :

Yaahl (corbeau)
Xaads Nee (maison haida)
Ts-uu gid (cèdre rouge)
Kaadii (paniers)
moules, baies, poisson fumé
Gens des quatre points cardinaux : nord, sud, est et ouest.

4) Au bas de la page suivante, dessine un festin auquel tu as participé en incluant tous les éléments suivants :

Certaines personnes qui y étaient.
Certains détails dont tu te rappelles (activités, nourriture, ou autres qui t'ont semblé mémorables)

Nom : ______________________________

Dessine le Festin du corbeau Yaahl. Dessine bien tous les éléments suivants :
Gens des quatre points cardinaux, maison Haida, cèdre rouge, Kaadii, corbeau, moules, baies et poisson fumé.

Dessine un festin auquel tu as participé en incluant les activités, la nourriture et toutes autres choses qui t'ont semblées intéressantes.

Leçon 2

1) Encourager la discussion :

- Passer une minute ou deux à résumer l'histoire, en parlant de la raison pour laquelle Yaahl a fait un festin et ce qui s'y est passé.
- Pourquoi Yaahl a-t-il décidé d'arrêter de construire des Xaads Nee (grandes maisons de cèdre) ?
- Pourquoi Yaahl se sentait-il seul? T'es-tu déjà senti seul ?
- Remue-méninges: Quelles sont certaines des choses que tu fais quand tu te sens seul et qui te remontent le moral?

2) Faire remplir le tableau remue-méninges par chaque enfant (page 6)

3) Encourager une discussion plus approfondie :

- Pourquoi penses-tu que Yaahl a décidé de préparer un festin ? Est-ce que l'événement a été un succès ?
- Qui a-t-il invité à son festin ?
- Penses-tu que ceux qui sont venus au festin de Yaahl ont eu du plaisir ? Pourquoi ou pourquoi pas ?
- Quels cadeaux Yaahl a-t-il offert à ses invités ? En tant que groupe, faire une liste des talents et qualités uniques qui enrichissent notre monde ?
- **Penser, jumeler, partager :** Partage avec un partenaire quelque chose qui fait de toi un être unique.

4) Écrire une lettre : Les cadeaux de Yaahl font en sorte que chaque individu est capable de donner quelque chose de personnel, spécial et unique au monde. À l'aide du modèle de la page 7, écris une lettre à Yaahl pour le remercier de ses dons. Parle lui des choses qu'il t'a données qui te rendent spécial et unique.

Tableau remue-méninges

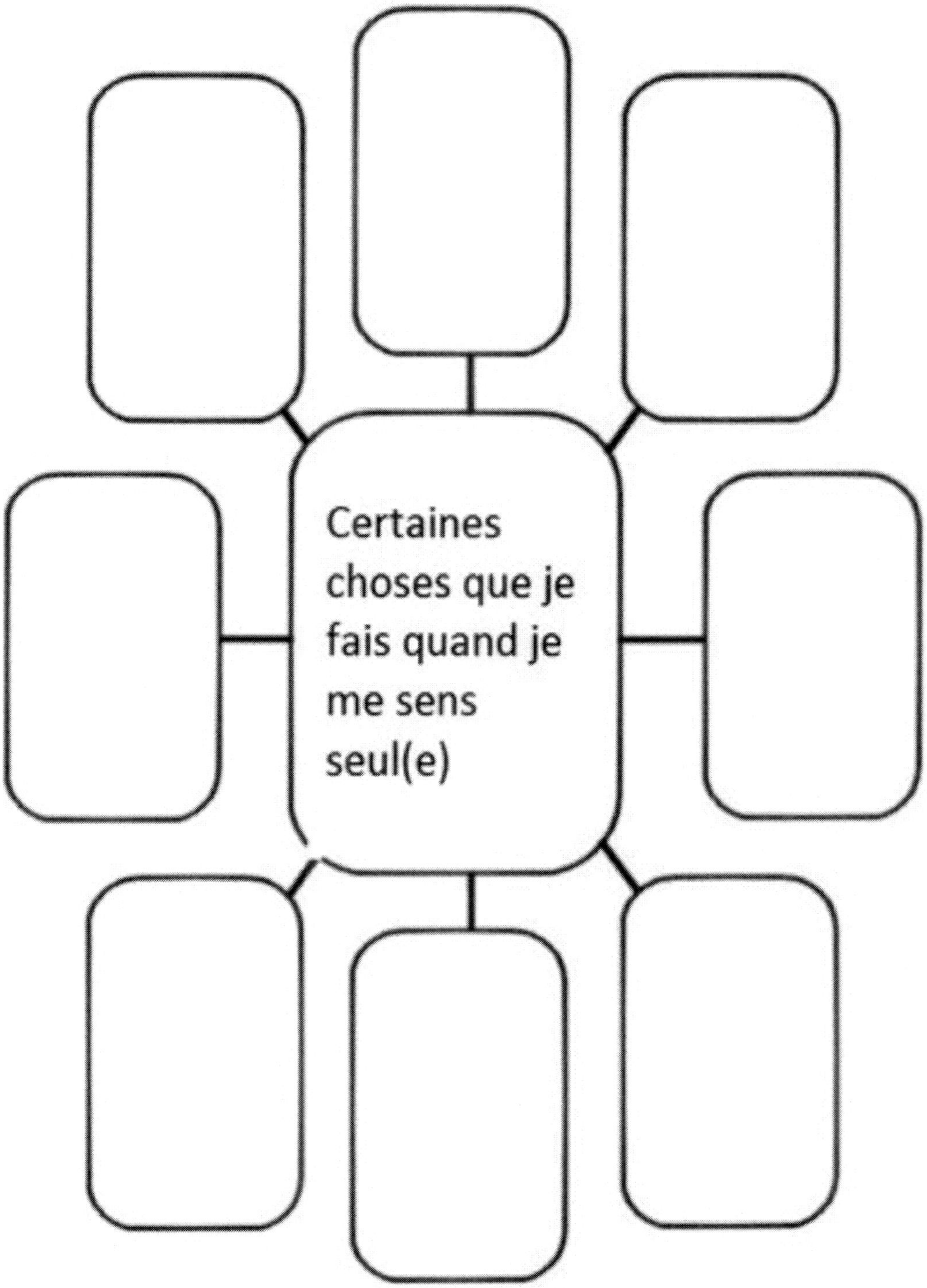

Lettre

Écris une lettre à Yaahl pour le remercier de ses cadeaux. Parle-lui des choses qui font de toi un être spécial et unique.

Cher Yaahl (Corbeau),

De : ______________________

Nom: ______________________________

✂ -

1) Découpe soigneusement chacune des phrases ici-bas.
2) Place-les dans le bon ordre dans les boîtes ci-haut.
3) Colle-les bien en place.

Avant que chaque personne retourne à ses terres, elle reçut un cadeau important, bien plus important que les paniers, tapis et chapeaux déjà donnés par Yaahl.
Yaahl fit confiance à son instinct et sut qu'il était temps d'arrêter de bâtir.
Yaahl sentit qu'il était temps de commencer à bâtir de grandes maisons de cèdre rouge.
Yaahl se tourna dans chacune des quatre directions et appela les gens du nord, sud, est et ouest pour les inviter à son festin.
Yaahl voulait offrir ce qu'il y a de mieux à ses invites et il amassa du poisson et autres sortes de nourriture pour offrir au festin.

Nom:____________________________

Le festin du corbeau
Questions de compréhension

1. Qui est Yaahl ?

____

____

2. Que construisait Yaahl ?

____

____

3. Quelles sont certaines des choses que Yaahl a fabriquées en préparation pour l'hiver ?

____

____

4. Pourquoi pensez-vous que Yaahl se sentait seul ?

____

____

5. Qu'a fait Yaahl pour se sentir moins seul ?

____

____

6. Nomme deux choses que Yaahl a préparé pour son festin.

____

____

7. Qui Yaahl a-t-il invité à son festin ?

8. Qu'ont fait Yaalh et ses invités au festin ?

9. À la fin du festin, qu'a donné Yaahl à chacun de ses invités ?

10. Donne trois exemples de cadeau de Yaahl. Quels sont quelques-uns de tes cadeaux et talents uniques ? Quels sont quelques-uns des dons que tu as remarqué chez les autres ?

11. Si tu préparais un festin, qui inviterais-tu ?

Nom : ______________________

Mélanger et apparier : mots Haida et leur signification

En utilisant la liste plus bas, place la signification juste à côté de chaque mot Haida.

1. Yaahl ______________________________
2. Xaads Nee ______________________________
3. Kaadii ______________________________
4. Swansang ______________________________
5. Sdang ______________________________
6. Hlunahl ______________________________
7. Stansang ______________________________
8. Ts'uu gid ______________________________

Quatre **Trois** **Corbeau** **Deux** **Paniers**
Un **Maison Haida** **Cèdre rouge**

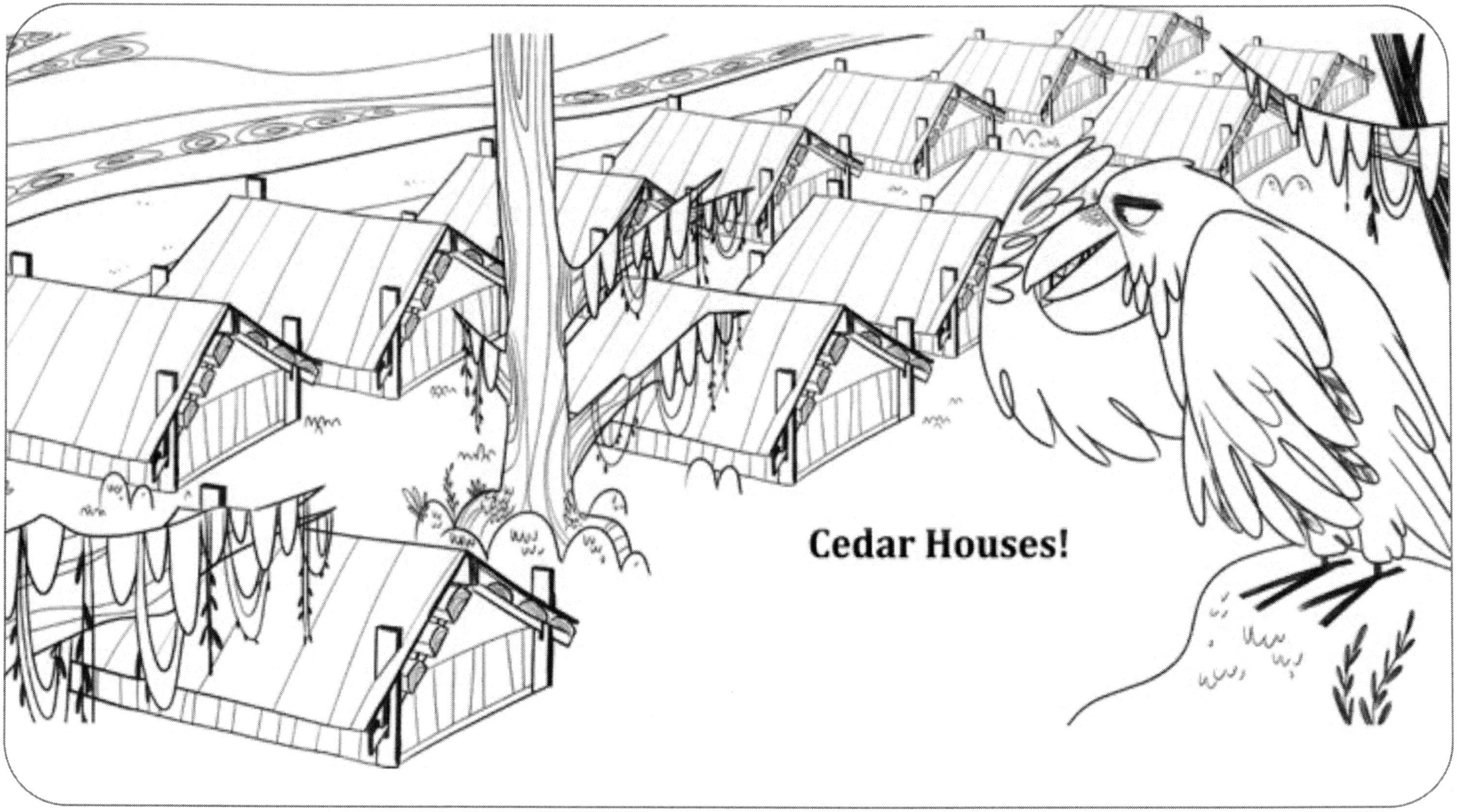
Cedar Houses!